Max und Moritz
sind geschüttelt

Die Bubengeschichten
von Wilhelm Busch in

Schüttelreimen

Max und Moritz, mit den beiden,
kannst nur heftig bitten: „Meiden!"
Ständig sie nach Possen trachten,
Unheil unverdrossen pachten.
Darum war sich keiner sicher,
ob nicht wer ob seiner kicher'.
Nennst du mal Geschenke dein,
ist das oft, gedenke, Schein.

Herstellung und Verlag:
BoD - Books on Demand, Norderstedt
ISBN 978-3-7431-2446-2

Vorwort

Was man oft von Kindern höre,
zu vergessen, hindern Chöre.
Diese zwei verhießen dies,

einer Max, von diesen hieß.
Die, vermeidend weise Lehren,
sich des Guten leise wehren.
Oftmals auch noch dauernd lachten,
und an Scherze lauernd dachten.
Stets zu einem Streich bereit,
was man gestenreich bestreit'.
Menschen quälen, Stiere necken,
Zwetschgen in die Niere stecken,
das ist ungezählt bequemer,
als so ein gequält' Bezähmer,
sitzt auf seinem schönen Stuhle,
und die Kinder stöhnen: Schule!
Kondolenzen sende ehest,
wenn du auf das Ende sehest.
Federvieh schrie: „Schrot, gedeih'",
Max und Moritz's Totgeschrei.
Was sie voller Schreck getrieben?
Hier steht jeder Dreck geschrieben

Erster Streich

Nicht zu wenig, weder viel,
Hennen hat, wer Feder will.
Zweitens gern die Freier essen,
und am Liebsten Eier fressen.
Drittens, kann man irgendwann,
sie ja auch erwürgen dann.
Braten ja die Väter brauchen,
die schon vor dem Bräter fauchen.
Auf das Bier die Kühlen pfiffen,
lieber in den Pfühlen kiffen.

Henn' und Hahn vom Witwer Bolte,
frech dann, ohne Bitt' wer wollte.

Vier zählt er mit stolzer Hand,
die er einst für Holz erstand.

Max und Moritz denken scharf,
wie man sich die schenken darf.
Schnitten dies bezweckend drei
Brote hier im Dreck entzwei,

noch für jedes Tier gefeilt
fingerdick, und viergeteilt.
Übers Kreuz den Faden banden,
den sie einst beim Baden fanden,
legen's, wie man muten kann,
in den Hof vom guten Mann.

Hahn begann das grad zu sehen,
und ob dieser Saat zu krähen.
Kik'riki, wie s' rennen heute,
was darauf die Hennen reute.

Bissen, den sie munter schlucken,
steckend macht
im Schlund er Mucken,

nehmen wahr ein Heer von Sinnen,
kämen da nicht sehr von hinnen.

Laufen arme Seelen quer,
kreuzend' Fäden quälen sehr.

Und der Hahn (auch Flöhe hat er),
auf und in die Höhe flatter'.
Auf den Baum s' mit Hast gelangen.
Dort mit eig'ner Last gehangen,
wird ihr Hals nun bange länger,
ihr Gesang wird lange bänger.

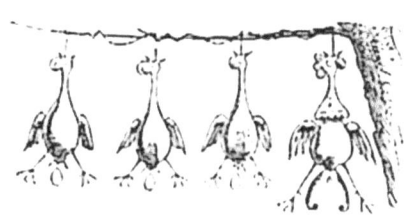

Seh'n schon wie die Reiher aus,
kommt ein letztes Ei heraus.

Bolte's in der Kammer juckt,
schnell nach diesem Jammer guckt.

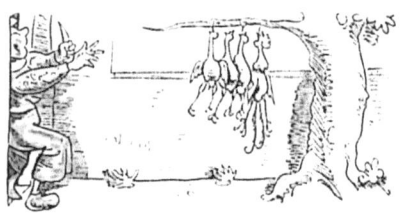

Wie er nach dem Wecken schreit,
Augen von dem Schrecken weit,

Bolte muss verdrossen flennen,
sich, da nun verflossen, trennen,
von dem Hühner-Bauer-Traum,
übrig bleibt ein Trauerbaum.

Tiefbetrübt, die Sorgen mehr,
trifft es ihn am Morgen sehr.

Schnitt herab den Hahn gestreng,
der dort an dem Strange häng'.

Blieb nur stumme Trauer Bolte,
sich in seinen Bau er trollte.

Dieses war der erste Streich,
doch der zweite folgt sogleich.

Zweiter Streich

Als mit schwerem Herz er schmollte,
langsam sich vom Schmerz erholte,
wärmend beim Kamin Gesäß,
dachte Bolte sinngemäß:
Tiere, die von Güten waren,
sollt' ich ohne Wüten garen,
treulich ehrend mir zu zeigen,
mach's verzehrend mir zu eigen.
Schwer an ihm die Trauer sägt,
weil das keine Sau erträgt.
Füllen Hennen hager Teller,
wünschte sich den Tag er heller:
„Wenn doch diese Gacker-Arten,
scharrten noch im Acker-Garten."

Durch den Schornstein
wittern beide,
Hühner von der bitter'n Weide.
Ohne Kopf und schmierig' Gurgeln,
sehen sie sie gierig schmurgeln.

Bolte trägt nun kauend Teller,
aus dem modrig tauend' Keller,

Weinend Bolte später sitz',
und daneben – seht - der Spitz.
Max und Moritz krochen rum,
auf dem Dache, rochen krumm.

holte sich vom Sauerkohle,
schmeckte, als ob kau' er Sohle.
Dennoch hat er wach geschwärmt,
und den Kohl dann
schwach gewärmt.

M und M am Dache sind,
weil es ihrer Sache dient,
Max ein Huhn mit Angelstock,
hakend auf die Stange lock'.

Seht, der Spitz bellt doch: „Rawau!",
macht die ganze Woch' Radau,

doch die war'n vom Fache dort,
und schon längst vom Dache fort.
Als der Spitz noch bellen wollte,
überkam's in Wellen Bolte,
Tränen, sapperlott, vergießen,
weil ihn Huhn und Gott verließen.

Angelschnur aus Haar gewoben,
Schnupdiwup, es war gehoben.
Schnup, am Herd aus
drei mach zwei,
Wup, am Dach aus zwei mach drei.
Eines noch, sie wetten hier:
„Schnupdiwup, das hätten wir."

Alle Hühner waren fort,
„Spitz!" - war sein entfahren' Wort.

Welch ein ungestümes Tier,
wie ein Ungetüm es stier',

als es nun im Kauern belle,
eingeweiht wird Bauernkelle.
Das war eine schräge Weih'
laut ertönt sein Wehgeschrei.

Max und Moritz im Versteckten,
Aug und Ohr und Stimm verreckten.
Fett und abgehangen wachsen,
aus den roten Wangen Haxen.

Dieses war der zweite Streich,
doch der dritte folgt sogleich

Dritter Streich

Zwar nicht so in Kohl bewandt,
war Herr Böck doch wohlbekannt.

Schneider war der raue Böck,
nähe Jacken, baue Röck'.
Spitze Fräcke hängen lose,
kürzt auf alle Längen Hose.
Böcks bequeme Westentaschen,
kann man gar zum Testen waschen.
Mit der Nadel stach er, flickend,
breiter nähend, flacher stickend.
Auf dem Stuhle lose hock' er,
wär ein Knopf der Hose locker,
muss den Knopf aus
Horn noch finden,
sieht ihn weder vorn, noch hinten.
Alles Gute läg' im Weben,
Schneidern wär' sein Weg im Leben.
Wenn man die Gemeinde frag',
jeder ihn zum Freunde mag.
Max und Moritz meinen, lachen,
wollen nass sein Leinen machen.
Böck, der hat ein breiter' Haus,
wo ein Wasser heiter braus'.

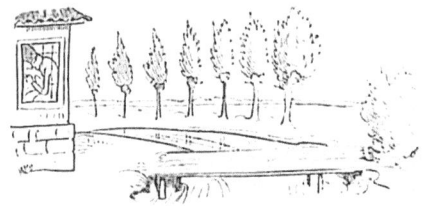

Über'm Wasser still ein Weg,
d'rüberleiten will ein Steg.

Max und Moritz, sacht und träge,
holen Niedertracht und Säge.
In das Brett, das leite Brücke,
sägen sie die breite Lücke.
Als die Tat begangen war,
blähen sie die Wangen gar.

Hört, wer nun zum Schrecke hie,
„Meck, meck!" aus der Hecke schrie.
Böcks
-der dieses schwach vernimmt-
Würde nach und nach verschwimmt,

Ziegen-Böck ruft
dreist: „Du Schreck,
Meck, meck, meck? Was
schreist du Dreck?"

Überschritten Ehren-Schwelle!
Böck stürmt mit der schweren Elle,
zu des Rufe-Mörders Heck,
denn schon wieder hört er's: „Meck!"

Schwere Elle sticht in Brücke,
Kracks! Die Brücke bricht in Stücke,

weil sie Moritz leider schnitt,
wessentwegen Schneider litt,

nass, wie in den
Schwamm gekommen.
Gänsemännchen
kam geschwommen.
Böck, so nah den Toden, haste,
eilig nach den Hoden taste.

Gantern quält die lastig' Hand,
flatternd sucht er hastig Land.

Übrigens wurd' diese Nummer,
weil er jetzt auch niese, dummer.

Wasser in die Lücken drang,
machte Magendrücken lang.

Grade kam Frau Böck zu retten,
ihn in warme Röck' zu betten.
Bügeln hat - mit Mut gedacht -
Magendrücken gutgemacht.

Lag auch unterm Mieder wund er,
hieß es: Böck ist wieder munter!!

Dieses war der dritte Streich,
doch der vierte folgt sogleich.

Vierter Streich

Einer, der was lehren musst',
hat auf „Weisheit mehren" Lust.
Ausgelaugt von B zu Z,
schleicht er abends zäh zu Bett.
Der die Kraft zum Schreiben lieh',
kräftig auch aus Leiben schrie,
tat auch gern beim Zechen prahlen,
Wurzel ziehen, brechen Zahlen.
Schreiben, Lesen, weise lehrend,
stets der Dummheit leise wehrend,

in dem Schüler-Tempel lag
Wissen jeden Lämpel-Tag.
Max und Moritz, beide leiden,
Schule Spaß verleide beiden,
weil s'nicht auf die Lehre achten,
über Lämpels Ehre lachten.
Abends dann der weise Lehrer,
wenn entspannt und leise wär er,
-wenn auch manche Reife pfauchen-
mag die Tobaks-Pfeife rauchen.
Was man diesem guten Mann,
gönnen und auch muten kann.

Max und Moritz Rache sännen:
Würde wohl die Sache rennen,
wenn nach dieser griffig' Pfeife,
irgendjemand pfiffig greife?
Einstens, es war Sonntag, Mai,
(Kirche nicht am Montag sei!),

Schurkerei'n im Hause passten,
heim sie, ohne Pause hasten.

Lämpel sperrt nun auch die Pforte,
schließet mit Gepfauch die Orte.
Müde, weil er tagelöhnte,
orgelnd jede Lage tönte,

Lieder Lämpel später viele,
orgelnd für die Väter spiele,
drohte in Gestalt der Buben,
Ungemach geballt der Stuben,
wo die Meerschaumpfeife stand;
Max, der hielt das steife Pfand;

werden heimwärts Schritte träger,
und mit jedem Tritte schräger.

Moritz schöpft mit Tintenflasche,
Pulver aus der Flintentasche.
Max, den hört man keifen: „Stopf
Pulver in den steifen Kopf!"

Kaffeetopf und Tintenflasche,
Tobaksdose, Flintentasche,
Ofen, Tisch und blaue Sitz',
alles nun versaue Blitz.

Möcht schon seinen reifen Pfunden,
gönnen ein paar Pfeifenrunden.

Als die Nebelbank verzogen,
sah man, was der Zank verbogen.
Lämpel viele Lücken kriegt,
grad noch ohne Krücken liegt.

Als er dann so stopfe, zünde,
plötzlich ohne Zopfe stünde,

Nase, Hand, Gemächte, Ohren,
schwärzer wär'n nur echte Mohren.
Statt des Haares, kahl der Schopf,
riecht verbrannt und schal der Kopf.

Rums! Die Pfeife ächzt und Krach!
Alles splittert, krächzt und ach,

Wer soll nun gelinder kehren,
Gutes nur die Kinder lehren?
Wer im Amt an Lämpel statt,
öffnet nun die Stempel-Lad'?
Woraus soll der Braune rauchen?
Wird er's – wie man raune –
brauchen?

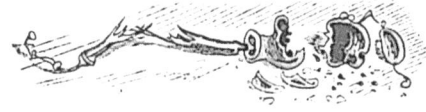

Wie des fliehend Halles Eile,
fliehend Zeit doch alles heile.

Dieses war der vierte Streich,
doch der fünfte folgt sogleich.

Fünfter Streich

Hätt' man wo Verwandte, tolle,
ehren seine Tante wolle,
bleibt man ohne Lohn bescheiden.
Wer will Onkeln schon beleiden?
Morgens sagt man: „Süßen Morgen!
Weiterschlafen müssen Sorgen."
Bringt ihm alles, steuer' fein,
Zeitung, Pfeife, Feuerstein.
Oder zwick' der trübe Rücken,
beiß' es, hätt' er Rübe-Drücken,
wenn es keinen reut, befreit
helfend man doch Freud' bereit'.
Oder sei es nach der Prise,
wenn in voller Pracht er niese,
man's auf leiser Sohle wagt,
alsogleich „Zum Wohle" sagt.
Stiefel zieht man hart ihm aus,
sind ja keine Art im Haus.
Holt Pantoffel, schiefe Mütze,
weil's, obwohl sie miefe, schütze.
Schlafberockt ihn wollig machen,
und beim Onkel mollig wachen.

Max und Moritz, wie sie sollen,
machen Welt, wie sie sie wollen.
Wo ein Onkel, wo ein Fritz,
jucke sie schon froh ein Witz.

Jeder weiß ja, so naht Mai,
dass ein Käfer-Monat sei.
Maienkäfer fliegt und kreucht,
weil er Flügel kriegt und fleucht.

Zum Verstecken dien' die Ecke,
Käfer raus und in die Decke.

Max und Moritz dächten nun,
was sie dann in Nächten tun,

Bald sieht man den müden Fritze,

in die Tüten Beute locken,
ei, da werd'n die Leute bocken.

auf dem Kopf in Frieden Mütze,

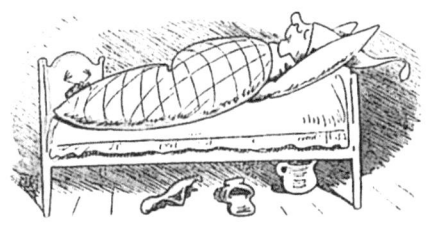

kommt im Bette zu der Ruh',
seinen Träumen ruht er zu.

„Bau!" schreit er im wilden Schreck,
kreischend warf er schrill den weg.

Doch die Käfer kratzen, trappeln,
schnell auf die Matratzen krabbeln,

Ja, dem Onkel solle grausen,
aus dem Bett mit Grolle sausen.

einer steht schon, nein er saß,
Onkel Fritz auf seiner Nas'.

„Autsch!" will einen packen, „Nein!"
Nächster macht im Nacken Pein!

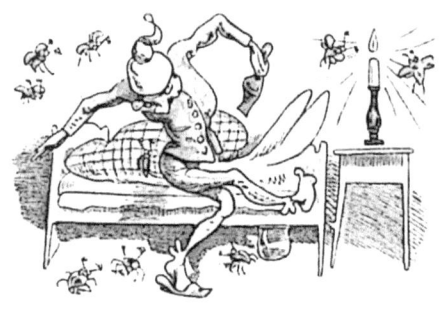

kommt im Bette zu der Ruh',
seinen Träumen ruht er zu.

Käfer flogen, machten „Brumm!"
Holzpantoffeln brachten Mumm.

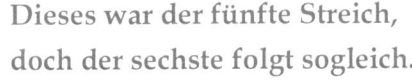

Dieses war der fünfte Streich,
doch der sechste folgt sogleich.

Onkel Fritz, in dieser Not,
haut s' mit einem Nieser tot.

Auf dem Boden Käferschlamm,
nun zur Ruh' der Schläfer kam,

Sechster Streich

Ostern, wenn bei Bäcker-Leuten,
alle kaufend lecker beuten,
Meister Bäcker müsse Sachen,
vollgezuckert süße, machen.
Auch der Moritz wollte sie,
falls er wissen sollte, wie.

Auf dem Dache knutschen Raben,
durch den Schornstein
rutschen Knaben,

Da hat Bäckersmann gedacht,
zu, das Backhaus dann gemacht,

landen weich in Kiste Mehl,
Atemluft vermisste Kehl'.

könnt' man nur mit Qualen stehlen.
Buben sich, die stahlen, quälen.

Weiß sie ab -wie Kreide- biegen,
Brezeln wollen beide kriegen.

von dem Teige ganz bekleistert,
schleimig, nicht vom
Glanz begeistert.

Auf dem Stellen liegen flache,
Moritz dann beim Fliegen lache,

weil s' in Teig beim Wühlen stürzen,

Rasch kommt dann der
Bäcker: „Marsch!"
rief er, und er mecker' barsch.

so den Fall von Stühlen würzen,

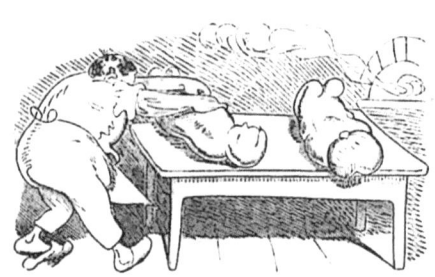

Eins, zwei, drei! – Eh' man gedacht,
sind zwei Brote dann gemacht.

Bäcker hatte –klar– noch Wut,
in dem Ofen war noch Glut.

Brot braucht ja die ganze Glut,
wird mit braunem Glanze gut.

In dem Brot, dem leeren, weichen,
jeder denkt, da wären Leichen,

Knusper, knasper! Rund gebissen,
flieh'n sie dem Verbund gerissen,

Und der Meister Bäcker schreit:
„Das war eine Schreckarbeit!"

Dieses war der sechste Streich,
doch der letzte folgt sogleich.

Letzter Streich

Max und Moritz's Leute-Streiche,
enden als verstreute Leiche.

Flinker als die Seidenschnecke,
löchrig sie zerschneiden Säcke.

Im Getreide-Saal der Mecke,
nimmt sich an nun mal der Säcke.

Schon im Speicher raus zu ihnen,
fängt das Korn an, auszurinnen.

Meck', der Sonderling werd' Dichter:
„Zapperment! Dat
Ding werd lichter!"

Hei, da sieht s' der Bauer Mecke,
ein sie - an der Mauer - päcke.

Rabs!! – hinein in Bauers Sack,
schaufelt nun er sauer 's Pack.

Max zum Moritz meine schwüle:
„Bringt der uns zur
Schweine-Mühle?"

„Meister Müller, mahl er beide,
Mitleid – auch verbal – er meide!"

Nun sind Bösewichter träge,
mahlend sind der Trichter Wege.

Rickeracke! Mühle keuchelt,
als sie jetzt mit Kühle meuchelt.

Müllers Gänse schrei'n gefedert:
„Max und Moritz,
fein geschreddert!"

Hinten raus sie kamen tot,

 als ein Gänsedamenkot.

Schluss

Schnell die Trauerworte enden,
ab sie sich, im Orte wenden.
Witwer Bolte lind und weich:
„Es verwehen Wind und Leich'!"
Kaum ein Mitleid kannte Böcke:
„Das Gerechte bannte kecke!"
Leider war der Lämpel stad,
spielt verrußt mit Stempel-Lad'.
Ehrlich meint der schlaue Bäcker,
„Mir egal, ich baue Schlecker!"
Selbst der Onkel Fritze wusst':
„Manchmal wird aus Witze Frust!"
Bauer: „Wat geiht meck dat an,
meenst, dat meener eck' dat, Mann?"
Müller- heimlich hort' er Rum:
„Schön ist's nun im Ort herum!"
„Gott sei Dank so endet dieses!"
Bauer meint: „no denn, det isses!"